Inhalt

Open Innovation - Massenintelligenz als Innovationsstrategie

Kernthesen

Beitrag

Fallbeispiele

Weiterführende Literatur

Impressum

Open Innovation - Massenintelligenz als Innovationsstrategie

Harald Reil

Kernthesen

- Schon Napoleon Bonaparte setzte auf Open Innovation und trug damit zur Erfindung der Konservendose bei.
- Doch erst in einer vernetzten Welt kommt die Massenintelligenz als Innovationsstrategie zur wahren Blüte.
- Knowledge Broker unterstützen Unternehmen bei der Umsetzung von Open-Innovation-Ideen.
- Open-Innovation-Wettbewerbe sollen dabei helfen, neue Produkte und Dienstleistungen zu entwickeln, Verhalten vorherzusagen oder Heilmittel für vernachlässigte

Krankheiten zu finden.

Beitrag

Alte Idee, neue Dimension

Open Innovation ist keine Erfindung des 21. Jahrhunderts. Beispiel Konservenbüchse: Wir verdanken sie einem öffentlichen Wettbewerb, den Napoleon Bonaparte, damals noch als Oberbefehlshaber der französischen Truppen, höchstpersönlich ausschreiben ließ, und der zum Ziel hatte, den Soldaten des Militärgenies haltbare Verpflegung für ihre Feldzüge zu garantieren. Die entscheidende Idee dazu hatte der Zuckerbäcker Nicolas Appert. Er fand heraus, dass Lebensmittel nicht verderben, wenn man sie auf eine gewisse Temperatur erhitzt und sie dann in einem Behälter luftdicht verschließt. Appert verwendete zu diesem Zweck noch Gläser; schon wenige Jahre später wurden diese von einem anderen Erfinder durch Blechdosen ersetzt. Obwohl Open Innovation also bereits auf eine lange Geschichte zurückblicken kann, so hat sich doch die Dimension, in der diese Innovationsstrategie eingesetzt wird, mittlerweile gewaltig verändert. Und in gewisser Hinsicht ist die Zeit für dieses Prinzip, das auf die Kreativität vieler

Köpfe setzt, um Antworten auf alte und auf neue Fragen zu finden, auch jetzt erst so richtig reif. Denn erst in einer vernetzten Welt sind die Bedingungen für vernetztes Denken ideal. Das ist auch der Grund, warum wir atemlos vor jener Explosion des Wissens stehen, die alles bisher Dagewesene in den Schatten stellt. (1)

Wanted: Knowledge Broker

Dass Open Innovation en vogue ist, lässt sich nicht allein an der Tatsache ablesen, dass seit der Publikation des Open-Innovation-Klassikers "Open Innovation: The New Imperative for Creating and Profiting from Technology" der Markt mit tausenden von weiteren Publikationen, die sich dieses Themas angenommen haben, überschwemmt worden ist; mittlerweile gibt es auch einen eigenen Berufsstand, der sich auf die Open-Innovation-Idee gründet: den Knowledge Broker oder Wissenshändler. Seine Aufgabe besteht darin, für Unternehmen, Forschungseinrichtungen oder staatliche Organisationen zunächst einmal die Fragen für bestimmte Probleme zu formulieren. In einem nächsten Schritt bewertet er in Zusammenarbeit mit dem Auftraggeber eingereichte Expertenvorschläge. Immer mehr Firmen bedienen sich dieser Innovationsstrategie - darunter so renommierte

Unternehmen wie Pfizer oder Procter & Gamble. Aber auch Wettbewerbe, ähnlich wie zu Napoleons Zeiten, sind noch immer ein probates Mittel, um mit neuen Ideen der Konkurrenz zu enteilen. (1)

Open Innovation kennt keine Grenzen

Dass Open Innovation keine Grenzen kennt und sich daher natürlich nicht nur für die Entwicklung innovativer Produkte, sondern auch für innovative Dienstleistungen eignet, beweist die Banken- und Versicherungsbranche. Einer Studie zufolge, die die beiden Ökonomen Eric von Hippel und Pedro Oliveira veröffentlicht haben, lassen sich 85 Prozent der radikal neuen Leistungen, die die fünf größten US-Banken während der letzten Zeit eingeführt haben, auf die Initiative von Kunden zurückverfolgen. Dieses Beispiel zeigt aber vor allem eines: Der von Betriebsblindheit ungetrübte Blick von Außenseitern hat oft mehr Erfolg als die gesammelte Expertise von Branchenexperten. Setzt sich diese Erkenntnis auf breiter Basis durch, können wir mit einer Flut radikaler Neuerungen auf den verschiedensten Gebieten rechnen. (2), (8)

Atizo: Spielwiese für 15 000 Hobbytüftler

Einen Vorgeschmack auf künftige Entwicklungen bietet die Open-Innovation-Plattform Atizo, auf der rund 15 000 Hobbytüftler an den verschiedensten Projekten werkeln, und das mit Erfolg. Die Open Innovators haben unter anderem schon einen neuen Eistee erfunden, Produkte für Finanzdienstleister entwickelt, eine Alternative für Reißverschlüsse vorgestellt, die sich an das Verschluss-System von Gefrierbeuteln anlehnt, und einen Kiosk der Zukunft entworfen. (5)

Schutz vor bösen Überraschungen

Da sich das Rad der Produktneuerungen immer schneller dreht, werden Unternehmen nicht darum herumkommen, Open Innovation zu einem integralen Bestandteil ihrer Geschäftsstrategie zu machen, wollen sie nicht wertvolles Terrain an ihre Konkurrenz verlieren. Aber noch etwas spricht für eine glänzende Zukunft der Kollektivintelligenz. Das Internet demokratisiert die Erde. Auf die Geschäftswelt übertragen, bedeutet das Folgendes: Kunden sind nicht mehr so wie früher der von oben oktroyierten Meinung der Unternehmen und der

Werbeindustrie mehr oder weniger hilflos ausgeliefert, sondern sie tun ihre Ansichten selbst lautstark, unverblümt, in großer Menge und vor allem überall nachlesbar kund. Unternehmen sind also gut damit beraten, diese unkontrollierbare und daher für den Geschäftserfolg gefährliche Masse mit ins Boot zu holen und sie in die Produktentwicklung miteinzubeziehen. Nur so schützen sie sich vor bösen Überraschungen. (3), (4), (8)

Trends

Zahlen sprechen für Open Innovation

Dass Open Innovation eine Innovationsstrategie ist, auf die in Zukunft immer mehr Unternehmen zurückgreifen werden, lässt sich auch mit Zahlen belegen. Eine Umfrage des Meinungsforschungsinstitut IMR unter 300 Führungskräften lieferte im Wesentlichen folgende Ergebnisse: Knapp 70 Prozent der Studienteilnehmer gaben zu Protokoll, dass sie die Einbindung von Kunden in den Prozess der Produktentwicklung für "sehr förderlich" hielten. Rund 30 Prozent hielten die Kundenintegration immerhin noch für "etwas förderlich". Fast alle Teilnehmer standen Open Innovation also aufgeschlossen gegenüber - übrigens im krassen Gegensatz zu Steve Jobs, der behauptete, es sei nicht die Sache des Kunden zu sagen, was er wolle, sondern seine. (4), (6)

Fallbeispiele

Unilever lanciert Open-Innovation-Plattform

Unilever hat eine Online-Plattform für Open Innovation etabliert. Experten können dort an verschiedenen Projekten mitarbeiten. Eines davon widmet sich der Frage, wie sich eine Verpackung herstellen lässt, die nicht nur leichter ist und weniger Platz wegnimmt als herkömmliche Produkte, sondern die auch noch dazu die Umwelt schont. Roger Leech prüft als Open Innovation Scouting Director die Lösungsvorschläge. Für ihn ist das weltweite Potenzial an brillanten Fachleuten, die mit frischen Ideen neue Antworten auf alte Fragen liefern, die ideale Ergänzung zu den global tätigen Research-Teams, über die sein Unternehmen ohnehin verfügt. (7)

Lego verkauft von Kunden entwickelte Modelle

Auch das dänische Unternehmen Lego setzt auf Open Innovation. Auf seiner Internetsite lädt es Interessenten ein, ihre Vorstellungen von einem Lego-Produkt digital zu entwerfen. Die Online-Plattform Yourencore macht sich das Wissen und die Erfahrung von pensionierten Fachleuten zunutze. Tchibo setzt auf die Vorstellungskraft von Bewerbern, indem es sie neue Shop-Konzepte entwickeln lässt. (6)

Ergo etabliert Ergo-Ideenforum

Ergo hat 6 000 Außendienstmitarbeiter in einem Pilotprojekt dazu aufgerufen, ein so genanntes Bündelprodukt zu entwickeln - also eine Kombination aus verschiedenen Versicherungsprodukten. Die Initiative war so erfolgreich, dass der Konzern beschlossen hat, das Ergo-Ideenforum auf Dauer zu etablieren. Die HypoVereinsbank geht ähnliche Wege. Sie hat ihre Mitarbeiter unter dem Motto "Wenn ich mein Kunde wär" dazu animiert, neue Service-Ideen zu entwickeln. (2)

Wettbewerbe für Algorithmen

und vernachlässigte Krankheiten

Mit öffentlichen Wettbewerben versuchen die verschiedensten Unternehmen und Organisationen das Wissen der Menge anzuzapfen: Die US-Firma Netflix, die Videofilme verleiht, hat zum Beispiel einen Wettbewerb ausgeschrieben, bei dem findige Köpfe eine Menge Geld für einen Algorithmus verdienen können, mit dem sich das Ausleihverhalten von Kunden prognostizieren lässt. Die beste Lösung wird mit einer Million Dollar prämiert. Die Initiative "Drugstore for Neglected Diseases" will bessere Behandlungsmethoden für Krankheiten finden, die von der Pharmaindustrie vernachlässigt werden. Wikipedia initiierte einen Wettbewerb, um besser zu verstehen, wie sich Autoren in Zukunft verhalten. (1)

Weiterführende Literatur

(1) Durchlässigkeit EXTERNE IDEEN
aus IO Management Nr. 3 vom 16.05.2012, Seiten 6 - 11

(2) Customer Co-Creation "Extreme" Kunden in Entwicklung einbinden
aus IO Management Nr. 3 vom 16.05.2012, Seiten 12 - 16

(3) Entwicklungen, Chancen und Verfahrensweisen

für Lieferanten / Wechsel im Denken: vom Kunden zur Ware Künftige Vertriebstrends verändern die Märkte
aus Die Tabak Zeitung vom 11.05.2012, Nr. 019/2012

(4) Lapp Kunden zu Open Innovation gefragt
aus www.elektrotechnik.de vom 11.05.2012

(5) Crowdsourcing Wie "Dirty Harry" zum Sieger wird
aus IO Management Nr. 3 vom 16.05.2012, Seiten 28 - 31

(6) Jeder ist ein Tüftler
aus IO Management Nr. 3 vom 16.05.2012, Seite 3

(7) Unilever launches online open innovation space. NEXT+NOW
aus BrandPackaging, United States (BRANPACK), 16 (2012) 3 page 10

(8) Crowd Sourcing - Wer für andere denkt, ist kreativer
aus GENIOS WirtschaftsWissen Nr. 06/2011 vom 07.06.2011

Impressum

Open Innovation - Massenintelligenz als Innovationsstrategie

Bibliografische Information der deutschen Nationalbibliothek

Die Deutsche Nationalbibliothek verzeichnet diese Publikation in der deutschen Nationalbibliografie; detaillierte bibliografische Daten sind im Internet über http://dnb.d-nb.de abrufbar.

ISBN: 978-3-7379-1288-4

© 2015 GBI-Genios Deutsche Wirtschaftsdatenbank GmbH, Freischützstraße 96, 81927 München, www.genios.de

Alle Rechte vorbehalten. Dieses Werk ist einschließlich aller seiner Teile – z.B. Texte, Tabellen und Grafiken - urheberrechtlich geschützt. Jede Verwertung außerhalb der Grenzen des Urheberrechtsgesetzes bedarf der vorherigen Zustimmung des Verlags. Dies gilt insbesondere auch für auszugsweise Nachdrucke, fotomechanische

Vervielfältigungen (Fotokopie/Mikroskopie), Übersetzungen, Auswertungen durch Datenbanken oder ähnliche Einrichtungen und die Einspeicherung und Verarbeitung in elektronischen Systemen.